Cuentos de hadas clásicos con un giro

Ricitos de oro y los tres osos

Escrito por Shannon Anderson
Ilustrado por Gal Weizman
Traducción de Pablo de la Vega

Un Libro de la Sirena
SEAHORSE PUBLISHING

Había una vez tres osos. Uno era papá oso, la otra era mamá osa y el otro era el osito. Vivían en una bella zona residencial junto a un parque estatal.

Era el cumpleaños de osito y los osos planeaban una fiesta con pizzas.

—¡Va a ser súper divertida! —dijo osito.

Las magdalenas glaseadas estaban listas y habían llegado las pizzas calientes. Los osos se subieron a la furgoneta para recoger a los amigos de osito.

Mientras tanto, Ricitos de Oro, que entrenaba para una carrera, corría por el parque. Iba por la milla número veinte y había bebido mucha agua mientras corría. Necesitaba usar un baño.

Ricitos de Oro corrió hacia la primera casa que vio. Tocó la puerta para preguntar si podía usar el baño.

Como estaba muy emocionado, osito no cerró la puerta por completo antes de irse. Por ello, la alarma de la casa no se activó.

Ricitos de Oro tocó de nuevo. Nadie respondió. Notó que la puerta estaba semiabierta y decidió probar su suerte. No le importó que no hubiera nadie. ¡Tenía que ir al baño!

Ricitos de Oro usó el baño y se dirigió a la puerta. Cuando estaba por salir, el olor de la pizza la atrapó.

—¡Mmmmmm! ¡Qué BIEN huele! —Después de correr por horas, tenía mucha hambre. Se asomó por la ventana y se aseguró de que nadie se aproximara. ¿Quizá podía llevarse unas cuantas rebanadas para el camino? Nadie sabría quién se las habría comido.

Ricitos de Oro tomó dos rebanadas. Luego, se apresuró hacia la puerta.

Iba tan rápido que no vio la sillita, se tropezó y cayó al suelo. La alfombra era muy suave. Su cuerpo entero necesitaba un descanso. Se quedó ahí unos minutos y se quedó dormida.

Los tres osos y los amigos de osito estacionaron frente a la casa. Al entrar a ella, se dieron cuenta de que faltaban algunas rebanadas de pizza.

—Alguien se ha estado comiendo mi pizza —dijo papá oso.

—¡Alguien se ha estado comiendo mi pizza! —dijo mamá osa.

—¡Mi silla está rota en pedazos! —dijo osito y rompió en llanto.

Los llantos de osito despertaron a Ricitos de Oro. Volteó a ver a los osos y salió corriendo de la casa tan rápido como pudo.

Los osos se despidieron de ella en la puerta.

—¡Adiós! —dijo papá oso.

—¡Adiós! —dijo mamá osa.

—¡Hasta la vista! ¡Consigue tu propia pizza! —dijo osito.

Los osos se comieron el resto de la pizza y disfrutaron de las magdalenas y la fiesta.

Desde ese día, osito siempre se ha asegurado de que la puerta quede bien cerrada al salir.

Ricitos de Oro corrió el maratón ese fin de semana y adivinen qué ganó... una medalla de ORO.

Entonces, todos vivieron felices para siempre.

Escrito por Shannon Anderson
Traducción de Pablo de la Vega
Ilustrado por Gal Weizman
Diseño de Under the Oaks Media
Desarrollo de la serie de James Earley
Editora Erica Ellis

Library of Congress PCN Data
Ricitos de oro y los tres osos / Shannon Anderson
Cuentos de hadas clásicos con un giro
ISBN 979-8-8904-2572-0 (hard cover)
ISBN 979-8-8904-2846-2 (paperback)
ISBN 979-8-8904-2870-7 (EPUB)
ISBN 979-8-8904-2858-5 (eBook)
Library of Congress Control Number: 2024932661

Printed in Canada/012025/CP20250101

Seahorse Publishing Company
www.seahorsepub.com

Published in the United States
Seahorse Publishing
PO Box 771325
Coral Springs, FL 33077

SEAHORSE PUBLISHING